The Train to Malmö: Bilingual Swedish-English Stories for Swedish Language Learners

Pomme Bilingual

Published by Pomme Bilingual, 2024.

While every precaution has been taken in the preparation of this book, the publisher assumes no responsibility for errors or omissions, or for damages resulting from the use of the information contained herein.

THE TRAIN TO MALMÖ: BILINGUAL SWEDISH-ENGLISH STORIES FOR SWEDISH LANGUAGE LEARNERS

First edition. December 7, 2024.

ISBN: 979-8230887119

Written by Pomme Bilingual.

Table of Contents

Smugglarens Hemlighet 1

The Smuggler's Secret 5

Det Försvunna Manuskriptet 9

The Missing Manuscript 13

Viskningar på Herrgården 17

Whispers at the Manor 21

Flickan från Södermalm 25

The Girl from Södermalm 29

Mord på Midsommarfesten 33

Murder at the Midsummer Party 37

Tåget till Malmö 41

The Train to Malmö 45

Det kalla fallet i Kiruna 49

The Cold Case in Kiruna 53

Ett Skott i Skärgården 57

A Shot in the Archipelago 61

Smugglarens Hemlighet

et var en gråmulen morgon i Strömstad. Dimman låg tung över hamnen, och vågorna slog dovt mot träbryggorna. Det var här, på en stenig strand, som kroppen av den ensamme fiskaren Karl Andersson hittades. Hans ansikte var blekt, hans händer kalla som sten. Men det var inte bara döden som gjorde upptäckten märklig — bredvid honom låg ett nät fyllt med något som inte hörde hemma i en fiskebåt: kartonger fyllda med dyr sprit och cigaretter.

Eva Sjölander, den erfarna detektiven i Strömstad, stod vid brottsplatsen och granskade nätet med vaksam blick. Hon hade sett många konstiga saker under sin karriär, men det här kändes... fel.

"Vad tror du, Eva?" frågade kriminalassistenten Johan Berglund, som stod bredvid henne och antecknade i sitt lilla block.

"Smuggling," svarade hon kort och sköt tillbaka sitt korta blonda hår bakom örat. "Frågan är bara hur Karl Andersson hamnade mitt i det här."

Karl Andersson var en ensamvarg, känd för att hålla sig för sig själv och fiska i timmar utan att prata med någon. Eva och Johan började med att besöka hans lilla hus vid strandkanten. Det var ett enkelt hem, fyllt med fiskeredskap och fotografier av havet. Inget verkade märkligt — tills Eva hittade en gammal anteckningsbok gömd under en lös planka i golvet.

"Vad har vi här?" mumlade hon och slog upp den slitna boken. På flera av sidorna fanns namn och datum. Och på vissa sidor fanns en symbol: en liten båt med tre vågor under sig.

"Det där är inte hans handstil," noterade Johan.

"Nej," svarade Eva och studerade sidorna närmare. "Det här är någon annans arbete. Karl måste ha blivit indragen i något större."

Strömstad var liten nog för att alla visste allt om alla. När Eva hörde sig för om Karl Andersson bland byborna, dök ett namn upp flera gånger: Karin Ljungqvist, ägare av det populära kaféet "Sjömärken".

"Hon är trevlig," sa en äldre dam som satt med sitt kaffe på torget. "Men hon har alltid haft konstiga vänner som kommer och går."

Eva och Johan bestämde sig för att besöka Karin. Kaféet låg vid huvudgatan, med utsikt över hamnen. När de steg in möttes de av doften av nybakat bröd och ljudet av kaffekoppar som klirrade. Karin, en kvinna i femtioårsåldern med mörkt hår och skarpa ögon, stod bakom disken och log när de närmade sig.

"Detektiven och hennes assistent. Vad kan jag hjälpa er med?" frågade hon.

"Vi utreder Karl Anderssons död," började Eva utan omsvep. "Har du någon aning om varför hans namn skulle dyka upp i samband med smuggling?"

Karin höjde på ögonbrynen. "Smuggling? Jag? Det låter som ett stort missförstånd."

Men hennes leende nådde inte ögonen, och Eva märkte hur hon nervöst vred på sitt förkläde.

Under de följande dagarna följde Eva och Johan Karin i skymundan. De upptäckte att hon regelbundet hade hemliga möten vid hamnen, oftast sent på natten. En kväll, när Karin trodde att ingen såg henne, lastade hon lådor på en liten motorbåt tillsammans med två män.

Eva och Johan ingrep.

"Karin Ljungqvist, du är gripen för smuggling och medhjälp till Karl Anderssons död," sa Eva när hon satte handbojor på henne.

Karin kämpade emot, men insåg snart att hennes hemlighet var avslöjad.

När utredningen avslutades stod det klart att Karl Andersson inte hade varit en del av smugglarligan, utan hade råkat snubbla över deras verksamhet. När han försökte sätta stopp för det hela, blev han brutalt mördad och lämnad vid stranden.

Karin Ljungqvist och hennes medhjälpare dömdes till långa fängelsestraff, och Eva kunde än en gång känna sig stolt över sitt arbete. Men i det lilla kustsamhället Strömstad viskades det fortfarande om smugglarnas hemlighet, och havets kalla vågor bar med sig minnet av en fiskare som aldrig borde ha blivit indragen i mörkret.

The Smuggler's Secret

It was a gray morning in Strömstad. The fog hung heavy over the harbor, and the waves crashed softly against the wooden piers. It was here, on a rocky beach, that the body of the lonely fisherman Karl Andersson was found. His face was pale, his hands as cold as stone. But it wasn't just the death that made the discovery strange—beside him was a net filled with something that didn't belong on a fishing boat: boxes filled with expensive liquor and cigarettes.

Eva Sjölander, the experienced detective in Strömstad, stood at the crime scene, examining the net with a sharp eye. She had seen many strange things during her career, but this felt... wrong.

"What do you think, Eva?" asked Detective Assistant Johan Berglund, who was standing next to her, making notes in his small notebook.

"Smuggling," she answered shortly, tucking her short blonde hair behind her ear. "The question is how Karl Andersson got caught up in this."

Karl Andersson was a loner, known for keeping to himself and fishing for hours without speaking to anyone. Eva and Johan started by visiting his small house by the shore. It was a simple home, filled with fishing gear and photographs of the sea. Nothing seemed odd—until Eva found an old notebook hidden under a loose floorboard.

"What do we have here?" she murmured as she opened the worn book. Several pages contained names and dates. And on some pages, there was a symbol: a small boat with three waves beneath it.

"That's not his handwriting," Johan noted.

"No," Eva replied, studying the pages more closely. "This is someone else's work. Karl must have been dragged into something bigger."

Strömstad was small enough that everyone knew everything about everyone. When Eva asked around about Karl Andersson, one name kept coming up: Karin Ljungqvist, owner of the popular café "Sjömärken."

"She's nice," said an older lady sitting with her coffee in the square. "But she's always had strange friends coming and going."

Eva and Johan decided to visit Karin. The café was located on the main street, overlooking the harbor. As they stepped inside, they were greeted by the smell of freshly baked bread and the sound of clinking coffee cups. Karin, a woman in her fifties with dark hair and sharp eyes, stood behind the counter and smiled as they approached.

"The detective and her assistant. What can I help you with?" she asked.

"We're investigating Karl Andersson's death," Eva began without preamble. "Do you have any idea why his name would be connected to smuggling?"

Karin raised an eyebrow. "Smuggling? Me? That sounds like a big misunderstanding."

But her smile didn't reach her eyes, and Eva noticed how she nervously twisted her apron.

In the following days, Eva and Johan kept Karin under surveillance. They discovered that she regularly held secret meetings at the harbor, usually late at night. One evening, when Karin thought no one was watching, she loaded boxes onto a small motorboat with two men.

Eva and Johan intervened.

"Karin Ljungqvist, you are under arrest for smuggling and aiding in Karl Andersson's death," Eva said as she handcuffed her.

Karin struggled, but soon realized her secret had been exposed.

When the investigation was concluded, it became clear that Karl Andersson had not been part of the smuggling ring but had stumbled upon their operation. When he tried to stop it, he was brutally murdered and left by the shore.

Karin Ljungqvist and her accomplices were sentenced to long prison terms, and Eva could once again feel proud of her work. But in the small coastal town of Strömstad, whispers about the smuggler's secret still lingered, and the cold waves of the sea carried with them the memory of a fisherman who should never have been caught up in the darkness.

Det Försvunna Manuskriptet

Det var en lugn vårmorgon i Uppsala. Solen strålade över domkyrkan, och studenter promenerade med kaffemuggar i händerna, på väg till föreläsningar. På universitetsbiblioteket Carolina Rediviva satt professor emeritus Lars Hallström, pensionerad men fortfarande med hjärnan lika skarp som en nyvässad penna. Han tillbringade sina dagar med att läsa, skriva och ibland grubbla över varför kaffet alltid smakade bättre på det lilla kaféet tvärs över gatan.

Men denna dag skulle bli annorlunda.

Lars hade precis satt sig vid sitt favoritbord nära fönstret, när bibliotekarien Astrid Lindqvist rusade fram till honom med andan i halsen.

"Professor Hallström!" utbrast hon. "Manuskriptet! Det är borta!"

"Vilket manuskript, Astrid?" frågade Lars lugnt och tog en klunk av sitt halvljumna kaffe.

"Det medeltida manuskriptet från 1300-talet! *Codex Regius.* Det förvarades i läsesalen, under lås och bom. Och nu... borta!"

Lars rynkade pannan. *Codex Regius* var en av universitetets dyrbaraste ägodelar. Ett manuskript fyllt med mystiska illustrationer och gåtfulla marginalanteckningar, en guldgruva för forskare.

"Har någon sett något misstänkt?" frågade Lars.

Astrid skakade på huvudet. "Det enda vi vet är att det försvann någon gång efter stängning igår kväll. Och ingen obehörig har gått in i rummet."

Lars reste sig. "Astrid, jag må vara pensionerad, men detta kräver en logisk hjärna och en känsla för detaljer. Låt oss undersöka detta tillsammans."

Lars och Astrid började med att gå igenom läsesalen. Dörren var oskadd, låset intakt. Ändå var manuskriptet borta. Lars betraktade de små, dammiga spåren på golvet och noterade något intressant.

"Ser du de här märkena, Astrid? Det är spår av ett par skosulor... någon med små fötter."

"En student kanske?" föreslog Astrid.

"Ja, men varför skulle en student riskera sitt rykte för ett så unikt manuskript?" funderade Lars.

De gick vidare till säkerhetskamerorna. En genomgång av nattens inspelningar avslöjade en figur som smög genom korridorerna. Personen bar en stor ryggsäck och en mössa som dolde ansiktet.

Lars och Astrid insåg att de behövde tala med folk. Bland dem som hade tillgång till läsesalen fanns Johan Fridell, en ung doktorand med en överdriven fascination för medeltida manuskript, och Professor Birgitta Ekholm, Lars gamla kollega och rival.

"Birgitta," började Lars när de möttes i hennes kontor. "Har du hört om det försvunna manuskriptet?"

"Ja, naturligtvis," svarade hon med ett kyligt leende. "Det är en skandal. Men varför kommer du hit? Tror du att jag är inblandad?"

"Jag frågar bara," sa Lars med ett snett leende. "Du har ju alltid varit... ambitiös."

Birgitta fnyste och viftade bort honom, men Lars märkte hur hon hastigt lade undan några papper på sitt skrivbord.

Samtidigt tog Astrid kontakt med Johan Fridell. Johan verkade nervös, men han hävdade att han inte visste något. "Jag har varit upptagen med mina studier," sa han och undvek ögonkontakt.

Men när Astrid lämnade hans kontor såg hon något på hans bokhylla: en liten anteckningsbok med namnet *Codex Regius* skrivet på omslaget. Hon tog snabbt en bild med sin telefon och skickade den till Lars.

Lars sammankallade både Johan och Birgitta till biblioteket. När de stod framför honom i läsesalen, tillsammans med Astrid, lade han fram sina fynd.

"Johan," började han. "Du stal manuskriptet, men du gjorde det inte ensam. Du hade hjälp från någon som kunde täcka upp för dig."

Johan svettades. "Jag... jag behövde bara titta på det närmare. Jag skulle lämna tillbaka det!"

"Och vem hjälpte dig?" frågade Lars.

Johan sneglade på Birgitta. Hon spärrade upp ögonen och sa: "Det är löjligt! Jag skulle aldrig..."

"Men du skulle," avbröt Lars. "Du ville publicera en sensationell artikel innan jag hann gräva fram något nytt."

Birgitta stirrade på honom, för första gången utan sitt självsäkra leende. "Du har inga bevis," sa hon.

"Åh, men det har jag," svarade Lars och höll upp sin telefon, där han visade Astrids bild av Johans anteckningsbok.

Efter att sanningen kommit fram återlämnade Johan och Birgitta manuskriptet. Johan fick en varning, och Birgitta valde att ta en "lång semester".

Astrid tittade på Lars med ett leende. "Du kanske borde bli privatdetektiv på heltid, Lars."

"Nej tack," svarade Lars med ett skratt. "Jag föredrar mina böcker och mitt kaffe. Men visst var det ett trevligt avbrott i vardagen."

Och med det gick Lars tillbaka till sitt bord, nöjd över att rättvisa skipats — och att han fortfarande hade förmågan att lösa mysterier.

The Missing Manuscript

It was a calm spring morning in Uppsala. The sun shone over the cathedral, and students walked with coffee cups in hand, heading to their lectures. At the university library, Carolina Rediviva, Professor Emeritus Lars Hallström sat at his usual spot, retired but still sharp as a freshly sharpened pencil. He spent his days reading, writing, and sometimes pondering why the coffee always seemed to taste better at the little café across the street.

But today would be different.

Lars had just sat down at his favorite table by the window when the librarian, Astrid Lindqvist, rushed toward him, breathless.

"Professor Hallström!" she exclaimed. "The manuscript! It's gone!"

"What manuscript, Astrid?" asked Lars calmly, taking a sip of his lukewarm coffee.

"The medieval manuscript from the 1300s! *Codex Regius*. It was kept in the reading room, under lock and key. And now... gone!"

Lars furrowed his brow. *Codex Regius* was one of the university's most prized possessions. A manuscript filled with mysterious illustrations and cryptic margin notes, a goldmine for researchers.

"Has anyone seen anything suspicious?" Lars asked.

Astrid shook her head. "The only thing we know is that it disappeared sometime after closing last night. And no one unauthorized has entered the room."

Lars stood up. "Astrid, I may be retired, but this calls for a logical mind and attention to detail. Let's investigate this together."

Lars and Astrid began by inspecting the reading room. The door was undamaged, the lock intact. Still, the manuscript was gone. Lars looked at the small, dusty marks on the floor and noticed something interesting.

"Do you see these marks, Astrid? They're the impressions of a pair of shoe soles... someone with small feet."

"A student, perhaps?" suggested Astrid.

"Yes, but why would a student risk their reputation for such a unique manuscript?" Lars pondered.

They moved on to the security cameras. A review of the night's footage revealed a figure sneaking through the hallways. The person wore a large backpack and a hat that obscured their face.

Lars and Astrid realized they needed to talk to people. Among those who had access to the reading room were Johan Fridell, a young PhD student with an exaggerated fascination for medieval manuscripts, and Professor Birgitta Ekholm, Lars' old colleague and rival.

"Birgitta," Lars began as they met in her office. "Have you heard about the missing manuscript?"

"Yes, of course," she responded with a cold smile. "It's a scandal. But why are you here? Do you think I'm involved?"

"I'm just asking," Lars said with a wry smile. "You've always been... ambitious."

Birgitta scoffed and waved him off, but Lars noticed her quickly putting away a few papers on her desk.

Meanwhile, Astrid contacted Johan Fridell. Johan seemed nervous, but he claimed to know nothing. "I've been busy with my studies," he said, avoiding eye contact.

But when Astrid left his office, she spotted something on his bookshelf: a small notebook with *Codex Regius* written on the cover. She quickly took a photo with her phone and sent it to Lars.

Lars gathered both Johan and Birgitta in the library. When they stood before him in the reading room, along with Astrid, he presented his findings.

"Johan," he began. "You stole the manuscript, but you didn't do it alone. You had help from someone who could cover for you."

Johan sweated. "I... I just needed to take a closer look at it. I was going to return it!"

"And who helped you?" asked Lars.

Johan glanced at Birgitta. She widened her eyes and said, "This is ridiculous! I would never..."

"But you would," Lars interrupted. "You wanted to publish a sensational article before I could uncover anything new."

Birgitta stared at him, for the first time without her confident smile. "You have no evidence," she said.

"Oh, but I do," Lars replied, holding up his phone, showing Astrid's photo of Johan's notebook.

Once the truth came out, Johan and Birgitta returned the manuscript. Johan received a warning, and Birgitta chose to take a "long vacation."

Astrid smiled at Lars. "You should consider becoming a private detective full-time, Lars."

"No thanks," Lars replied with a laugh. "I prefer my books and my coffee. But it was certainly a nice break from the routine."

With that, Lars returned to his table, satisfied that justice had been served—and that he still had the ability to solve mysteries.

Viskningar på Herrgården

Dimman låg tät över skogarna i Småland när Elin Forsberg anlände till Stålhammars herrgård. Det gamla huset reste sig som en mörk skugga bland de höga granarna, med spröjsade fönster som stirrade tomt ut över den förvildade trädgården. Elin, en erfaren journalist från Stockholm, hade blivit personligen inbjuden av Greve Gustav Stålhammar för att skriva ett porträtt om honom och hans familj.

Men redan när hon steg ur bilen kände hon en kyla som inte bara kom från den råa novemberluften.

Greve Gustav Stålhammar mötte henne i entrén. Han var lång och smal, med grått hår och en röst som var lika lugn som den var dyster.

"Välkommen, fröken Forsberg," sa han och sträckte ut en kall hand. "Jag hoppas att ni ska finna vår lilla herrgård... inspirerande."

Elin log artigt och följde honom in i huset. Interiören var som hon förväntat sig: tunga möbler, blekta gobelänger och gamla porträtt som stirrade ned från väggarna. Men det var något annat också. En känsla av att huset bar på hemligheter.

Elin installerades i ett gästrum på andra våningen, med utsikt över trädgården. När natten föll och vinden började vina runt huset, lade hon märke till en svag viskning som tycktes komma från korridoren.

Nyfiken öppnade hon dörren och kikade ut. Ingen där. Men ljudet fortsatte, som om någon viskade hennes namn: "Elin... Elin..."

Hon skakade av sig obehaget och återvände till sängen, men sömnen kom inte lätt.

Nästa morgon satt Elin i herrgårdens bibliotek och intervjuade greven. Han talade i gåtor, beskrev sin familjs historia i stora penseldrag men undvek att gå in på detaljer.

"Det är märkligt," sa Elin. "Ert namn dyker upp i samband med ett gammalt mord här i Småland. En kvinna, Anna Lindholm, som försvann för över fyrtio år sedan."

Grevens ansikte hårdnade. "Anna var en bekant till familjen," sa han. "Men vad som hände henne har inget med oss att göra."

Elin märkte att hans händer skakade när han talade.

Senare samma dag bestämde sig Elin för att utforska trädgården. Den var övervuxen och full av vildvuxna rosor som tycktes sticka henne genom rocken.

Bakom en murväxt täckt port hittade hon en övergiven paviljong. Inuti låg en trasig dagbok. Sidorna var fläckade, men hon kunde urskilja några ord: *"Jag vet vad de gjorde. Herrgården döljer sanningen."*

Den natten hörde Elin viskningarna igen, men nu tydligare. De ledde henne till en gammal, knarrande dörr på bottenvåningen som hon inte lagt märke till tidigare. Bakom dörren fanns en trappa som ledde ner till en källare.

Med ficklampan som enda ljuskälla gick hon ner. Källaren var kall och luktade fukt och jord. I ett hörn hittade hon en gammal koffert. När hon öppnade den, såg hon något som fick henne att flämta: en blodfläckad klänning och ett brev.

Brevet var adresserat till Greve Gustav Stålhammar och innehöll bara två ord: *"Du lovade."*

Nästa morgon konfronterade Elin greven. Hon lade brevet och klänningen framför honom.

"Vad hände med Anna Lindholm?" frågade hon skarpt.

Greven stirrade på föremålen och suckade djupt. "Anna var... ett misstag," sa han. "Hon kom för nära vår familj, och min far..." Han avbröt sig och såg bort. "Han gjorde något fruktansvärt. Och jag har burit skulden i alla dessa år."

"Så det var din far?" frågade Elin.

Greven nickade. "Han begravde sanningen, bokstavligen. Men jag kunde aldrig förmå mig att förstöra bevisen."

Elin lämnade herrgården med en blandning av lättnad och oro. Hon hade material för en artikel som skulle bli en sensation, men hon visste också att berättelsen skulle skaka om många liv.

När hon såg herrgården försvinna i backspegeln, kunde hon fortfarande höra viskningarna. Det var som om huset själv ville att sanningen skulle fram.

Och kanske, tänkte Elin, var det just därför hon blivit inbjuden dit.

Whispers at the Manor

The fog was thick over the forests of Småland when Elin Forsberg arrived at Stålhammar Manor. The old house rose like a dark shadow among the tall pines, with paned windows staring blankly out over the overgrown garden. Elin, an experienced journalist from Stockholm, had been personally invited by Count Gustav Stålhammar to write a portrait about him and his family.

But as soon as she stepped out of the car, she felt a chill that came not only from the raw November air.

Count Gustav Stålhammar greeted her at the entrance. He was tall and thin, with gray hair and a voice as calm as it was grim.

"Welcome, Miss Forsberg," he said, extending a cold hand. "I hope you find our little manor... inspiring."

Elin smiled politely and followed him into the house. The interior was just as she had expected: heavy furniture, faded tapestries, and old portraits staring down from the walls. But there was something else as well. A feeling that the house held secrets.

Elin was settled into a guest room on the second floor, with a view of the garden. As night fell and the wind began to howl around the house, she noticed a faint whisper coming from the corridor.

Curious, she opened the door and peered out. No one there. But the sound continued, as if someone was whispering her name: "Elin... Elin..."

She shook off the unease and returned to bed, but sleep did not come easily.

The next morning, Elin sat in the manor's library interviewing the Count. He spoke in riddles, describing his family's history in broad strokes but avoiding details.

"It's strange," Elin said. "Your name comes up in connection with an old murder here in Småland. A woman, Anna Lindholm, who disappeared over forty years ago."

The Count's face hardened. "Anna was an acquaintance of the family," he said. "But what happened to her has nothing to do with us."

Elin noticed his hands trembling as he spoke.

Later that day, Elin decided to explore the garden. It was overgrown, filled with wild roses that seemed to prick her through her coat.

Behind a trellis-covered gate, she found an abandoned pavilion. Inside lay a broken diary. The pages were stained, but she could make out a few words: *"I know what they did. The manor hides the truth."*

That night, Elin heard the whispers again, but this time more clearly. They led her to an old, creaky door on the ground floor that she hadn't noticed before. Behind the door was a staircase that led down to a basement.

With only a flashlight as her guide, she descended. The basement was cold, smelling of dampness and earth. In a corner, she found an old suitcase. When she opened it, something made her gasp: a bloodstained dress and a letter.

The letter was addressed to Count Gustav Stålhammar and contained only two words: *"You promised."*

The next morning, Elin confronted the Count. She laid the letter and the dress in front of him.

"What happened to Anna Lindholm?" she asked sharply.

The Count stared at the items and sighed deeply. "Anna was... a mistake," he said. "She got too close to our family, and my father..." He stopped and looked away. "He did something terrible. And I've carried the guilt all these years."

"So it was your father?" Elin asked.

The Count nodded. "He buried the truth, literally. But I could never bring myself to destroy the evidence."

Elin left the manor with a mix of relief and unease. She had the material for an article that would be a sensation, but she also knew the story would shake many lives.

As she watched the manor disappear in her rearview mirror, she could still hear the whispers. It was as if the house itself wanted the truth to come out.

And maybe, Elin thought, that was exactly why she had been invited there.

24

Flickan från Södermalm

Stockholms natt låg tung över Södermalm. Regnet piskade mot asfalten, och neonljus från kaféer och barer reflekterades i vattenpölarna. Klara Björk satt i en undanskymd hörna på ett internetkafé, hennes fingrar flög över tangentbordet. Hon var van vid att arbeta i skuggorna, dold bakom alias och krypterade servrar. Men den här gången var det annorlunda.

Klara hade hittat något som kunde skaka Sveriges teknologiska elit i grunden. Genom sin skicklighet som hacker hade hon avlyssnat samtal och brutit sig in i databaser som avslöjade en koppling mellan Daniel Hellqvist, VD för techjätten NovaCore, och ett internationellt nätverk för människohandel.

Hon hade dock insett att hon inte kunde ta sig an detta ensam. Därför hade hon kontaktat journalisten David Norberg, en grävande reporter med rykte om sig att gå till botten med farliga historier.

De träffades på ett café på Götgatan. David, med sina slitna jeans och anteckningsblock, såg skeptisk ut när Klara överlämnade en USB-sticka.

"Det här är inte någon liten skandal," sa hon lågt. "Det här kan kosta oss livet om vi gör fel."

David betraktade henne allvarligt. "Jag har tagit risker förut, men det här... det är stort. Är du säker på att vi kan lita på källorna?"

Klara log snett. "Jag är källan."

Stickan innehöll mejlkorrespondens mellan Hellqvist och en grupp internationella aktörer som organiserade trafficking. Kodade filer avslöjade betalningar och möten, och bland dokumenten fanns bilder på unga kvinnor som tvingats in i nätverket.

"Det här är sjukt," sa David medan han granskade filerna på sin laptop. "Vi måste få ut det här."

Men Klara skakade på huvudet. "Om vi publicerar det nu, kommer de att förstöra bevisen och sopa igen spåren. Vi behöver något mer, något som knyter Hellqvist direkt till detta."

De bestämde sig för att infiltrera NovaCores huvudkontor i Kista. Klara skulle ta sig in i företagets interna nätverk, medan David höll vakt. Det var farligt, men de hade inget val.

Natten då de genomförde planen kändes tiden som en fiende. Klara smög sig in genom en bakdörr och hackade sig in i serverrummet. Hennes hjärta bultade medan hon laddade ner ytterligare filer.

Plötsligt hörde hon fotsteg. Någon var på väg mot henne.

Hon gömde sig bakom en server precis när dörren öppnades. En säkerhetsvakt klev in, hans ficklampa svepte över rummet. Klara höll andan, och när han vände ryggen till, smög hon sig ut.

Ute på gatan väntade David i en bil. "Fick du det?" frågade han.

Klara nickade. "Vi har honom nu."

Nästa morgon släppte David och Klara en artikel med obestridliga bevis. Hellqvist arresterades inom timmar, och polisens utredning ledde till att flera andra högt uppsatta personer inom nätverket också greps.

Men segern var bitterljuv. Klara visste att hon och David hade gjort sig mäktiga fiender.

Ett par veckor senare satt Klara ensam på sitt favoritkafé på Södermalm. Hon stirrade på sin laptop och undrade om hon någonsin skulle kunna leva ett normalt liv igen.

När David kom in, lade han en tidning på bordet framför henne. "Vi gjorde det," sa han. På framsidan stod rubriken: *"Tech-VD gripen – traffickingring avslöjad."*

Klara log svagt. "Ja, men det är inte slut än. Det här var bara början."

David nickade. "Vi fortsätter. Tills de inte har någonstans att gömma sig."

Och i skuggan av Södermalms neonljus började de planera sitt nästa drag.

The Girl from Södermalm

The night in Stockholm hung heavy over Södermalm. Rain lashed against the asphalt, and the neon lights from cafés and bars reflected in the puddles. Klara Björk sat in a secluded corner of an internet café, her fingers flying across the keyboard. She was used to working in the shadows, hidden behind aliases and encrypted servers. But this time was different.

Klara had found something that could shake Sweden's technological elite to its core. Using her skills as a hacker, she had intercepted conversations and broken into databases that revealed a connection between Daniel Hellqvist, CEO of the tech giant NovaCore, and an international human trafficking network.

However, she realized she couldn't take this on alone. That's why she contacted journalist David Norberg, an investigative reporter with a reputation for getting to the bottom of dangerous stories.

They met at a café on Götgatan. David, with his worn jeans and notepad, looked skeptical as Klara handed over a USB stick.

"This isn't just a small scandal," she said quietly. "This could cost us our lives if we make a mistake."

David looked at her seriously. "I've taken risks before, but this... it's huge. Are you sure we can trust the sources?"

Klara gave a crooked smile. "I'm the source."

The USB stick contained email correspondence between Hellqvist and a group of international figures involved in trafficking. Coded files revealed payments and meetings, and among the documents were photos of young women forced into the network.

"This is sick," said David as he examined the files on his laptop. "We need to get this out."

But Klara shook her head. "If we publish this now, they'll destroy the evidence and cover their tracks. We need something more, something that ties Hellqvist directly to this."

They decided to infiltrate NovaCore's headquarters in Kista. Klara would get into the company's internal network while David kept watch. It was dangerous, but they had no choice.

On the night of the mission, time felt like an enemy. Klara snuck in through a back door and hacked into the server room. Her heart raced as she downloaded more files.

Suddenly, she heard footsteps. Someone was approaching.

She hid behind a server just as the door opened. A security guard stepped in, his flashlight sweeping across the room. Klara held her breath, and when his back was turned, she slipped out.

Outside on the street, David was waiting in a car. "Did you get it?" he asked.

Klara nodded. "We've got him now."

The next morning, David and Klara released an article with irrefutable evidence. Hellqvist was arrested within hours, and the police investigation led to the arrest of several other high-ranking figures within the network.

But the victory was bittersweet. Klara knew she and David had made powerful enemies.

A few weeks later, Klara sat alone at her favorite café in Södermalm. She stared at her laptop, wondering if she would ever be able to live a normal life again.

When David walked in, he placed a newspaper on the table in front of her. "We did it," he said. The headline read: *"Tech CEO Arrested – Trafficking Ring Exposed."*

Klara smiled faintly. "Yeah, but it's not over yet. This was just the beginning."

David nodded. "We'll keep going. Until they have nowhere left to hide."

And in the shadows of Södermalm's neon lights, they began planning their next move.

Mord på Midsommarfesten

Solen hade precis börjat sjunka bakom trädtopparna när midsommarfirandet nådde sin höjdpunkt i den lilla byn Björkhed. Majstången stod grön och praktfull mitt på ängen, dekorerad med blommor och björklöv. Musiken spelade, och byborna dansade hand i hand runt stången.

Men den idylliska stämningen fick en mörk vändning när Olof Lund, en av byns mest respekterade invånare, plötsligt föll ihop mitt i dansen. Skrik hördes, och folkmassan backade undan medan några rusade fram för att hjälpa honom.

"Han är död," viskade Anna, en av de äldre kvinnorna, med handen för munnen. Läkaren som hade kommit till platsen skakade dystert på huvudet. "Det ser ut som en hjärtattack," sa han, men något i hans ton antydde att han inte var helt säker.

Frida Karlsson stod i utkanten av gruppen och betraktade scenen. Hon hade alltid haft ett skarpt öga för detaljer, och något med Olofs död kändes fel. Han hade sett frisk ut tidigare på kvällen, sjungit och dansat som vanligt.

När firandet abrupt avbröts och polisen anlände för att ta hand om situationen, lade Frida märke till en märklig detalj: en halvfull kopp med röd saft låg omkullvält bredvid Olof.

Frida gick fram till sin vän Märta, som hade serverat dryck under kvällen. "Var det du som hällde upp saften åt Olof?" frågade hon.

"Nej," svarade Märta och såg förvånad ut. "Han tog den själv från bordet. Men jag märkte att han pratade länge med Barbro innan han började dansa."

Barbro Svensson var en kvinna med ett komplicerat förflutet i byn, och Frida visste att hon och Olof inte alltid hade kommit överens.

Nästa morgon besökte Frida Barbro i hennes lilla stuga. Barbro såg blek ut, och hennes händer darrade när hon satte fram kaffe.

"Jag hörde att du pratade med Olof innan han dog," sa Frida rakt på sak.

Barbro stirrade ner i koppen. "Ja, men det var inget viktigt. Vi pratade om gamla tider."

"Var det ni som bråkade för några veckor sedan?" frågade Frida. Hon hade hört rykten om ett högljutt gräl vid affären.

Barbro såg upp, och hennes ögon fylldes med tårar. "Det handlade om arvet," erkände hon. "Han hade lovat mig en del av marken, men han ändrade sig. Han ville ge allt till sin brorson istället."

När Frida började gräva djupare upptäckte hon att Olof hade fler fiender än vad någon kunnat ana. Hans brorson Erik hade nyligen återvänt till byn och var känd för att vara både skuldsatt och otålig. Dessutom hade byns kyrkoherde, Anders, haft en hemlig konflikt med Olof om en donation till kyrkan.

Frida började känna sig som en riktig detektiv. Hon pratade med grannar, observerade små detaljer och gick igenom varje tänkbar ledtråd.

En vecka senare kom polisen tillbaka med obduktionsrapporten. Olof hade dött av en ovanlig giftig substans som hade blandats i hans saft. Nyheten spred sig snabbt i byn, och spänningen steg.

Frida var övertygad om att Barbro inte var skyldig, trots deras konflikt. Hon riktade istället sina misstankar mot Erik, som hade betett sig märkligt efter Olofs död.

På midsommarafton två veckor efter Olofs död samlade Frida mod och konfronterade Erik. Hon visade honom en liten glasflaska hon hade hittat gömd i hans skjul, innehållande rester av det gift som hade dödat Olof.

"Du hade skulder, och du visste att du inte skulle få något av arvet om Olof fick bestämma," sa Frida bestämt.

Erik försökte förneka det, men när polisen tillkallades och analyserade flaskan, var bevisen obestridliga. Han erkände till slut att han hade försökt få arvet genom att eliminera sin farbror.

Byn återgick sakta till sitt lugna liv, men midsommarfirandet hade för alltid förändrats. Frida, som nu betraktades som en hjälte, fick en ny respekt från sina grannar.

När hon satte sig på sin veranda med en kopp kaffe tänkte hon på hur hemligheter och svek kunde frodas även i de mest idylliska miljöer.

Och hon visste att midsommarnatten, med dess mystiska skimmer, aldrig skulle kännas riktigt densamma igen.

Murder at the Midsummer Party

The sun had just begun to set behind the treetops when the Midsummer celebration reached its peak in the small village of Björkhed. The maypole stood tall and grand in the middle of the meadow, decorated with flowers and birch leaves. The music played, and the villagers danced hand in hand around the pole.

But the idyllic atmosphere took a dark turn when Olof Lund, one of the village's most respected residents, suddenly collapsed in the middle of the dance. Screams were heard, and the crowd stepped back while some rushed forward to help him.

"He's dead," whispered Anna, one of the older women, with her hand over her mouth. The doctor who had arrived on the scene shook his head grimly. "It looks like a heart attack," he said, but something in his tone suggested he wasn't entirely sure.

Frida Karlsson stood at the edge of the group, observing the scene. She had always had a sharp eye for details, and something about Olof's death felt off. He had seemed healthy earlier that evening, singing and dancing as usual.

When the celebration was abruptly interrupted and the police arrived to handle the situation, Frida noticed a peculiar detail: a half-full cup of red juice lay spilled beside Olof.

Frida walked over to her friend Märta, who had been serving drinks during the evening. "Did you pour the juice for Olof?" she asked.

"No," replied Märta, looking surprised. "He took it himself from the table. But I did notice he talked to Barbro for quite a while before he started dancing."

Barbro Svensson was a woman with a complicated past in the village, and Frida knew she and Olof hadn't always seen eye to eye.

The next morning, Frida visited Barbro at her small cottage. Barbro looked pale, and her hands trembled as she poured coffee.

"I heard you spoke with Olof before he died," Frida said bluntly.

Barbro stared down into her cup. "Yes, but it wasn't anything important. We were talking about old times."

"Was it you who argued with him a few weeks ago?" Frida asked. She had heard rumors of a loud argument at the store.

Barbro looked up, and her eyes filled with tears. "It was about the inheritance," she admitted. "He had promised me part of the land, but he changed his mind. He wanted to give it all to his nephew instead."

As Frida began to dig deeper, she discovered that Olof had more enemies than anyone could have imagined. His nephew Erik had recently returned to the village and was known to be both deeply in debt and impatient. Furthermore, the village priest,

Anders, had had a secret conflict with Olof over a donation to the church.

Frida felt like a real detective now. She spoke with neighbors, observed small details, and went over every possible clue.

A week later, the police returned with the autopsy report. Olof had died from an unusual toxic substance mixed into his juice. The news spread quickly through the village, and tension rose.

Frida was convinced that Barbro wasn't guilty, despite their conflict. Instead, she turned her suspicions toward Erik, who had acted strangely after Olof's death.

On Midsummer's Eve, two weeks after Olof's death, Frida gathered her courage and confronted Erik. She showed him a small glass bottle she had found hidden in his shed, containing remnants of the poison that had killed Olof.

"You had debts, and you knew you wouldn't inherit anything if Olof had his way," Frida said firmly.

Erik tried to deny it, but when the police were called and analyzed the bottle, the evidence was undeniable. He finally admitted that he had tried to secure the inheritance by eliminating his uncle.

The village slowly returned to its peaceful routine, but the Midsummer celebration had been forever changed. Frida, now regarded as a hero, gained newfound respect from her neighbors.

As she sat on her porch with a cup of coffee, she thought about how secrets and betrayal could thrive even in the most idyllic settings.

And she knew that the Midsummer night, with its mysterious glow, would never quite feel the same again.

Tåget till Malmö

Det var en gråmulen morgon när Jonas Lindström steg ombord på Öresundståget i Köpenhamn. Tåget var nästan fullt, med affärsresenärer, studenter och turister som alla var på väg mot Malmö. Jonas hade en enkel plan: hitta rätt person, ta väskan och försvinna innan någon märkte något. Han var skicklig på sitt jobb, en mästare på att smälta in och försvinna i mängden.

Jonas hade observerat sitt mål på stationen. En välklädd man i femtioårsåldern med en dyr kostym och en svart läderportfölj som han inte släppte ur sikte. Portföljen, tänkte Jonas, måste innehålla något värdefullt.

Han satte sig några rader bakom mannen och låtsades läsa en tidning medan han iakttog honom i smyg. Mannen såg ut att vara stressad och kastade nervösa blickar mot dörren varje gång tåget stannade.

När tåget rullade vidare genom det danska landskapet satte sig en kvinna bredvid Jonas. Hon var klädd i en enkel kappa, men hennes ögon var skarpa och vaksamma.

"Reser du ofta den här sträckan?" frågade hon med ett leende som inte nådde ögonen.

Jonas, överraskad av frågan, svarade med en axelryckning. "Ibland."

"Jag heter Sofia," sa hon och sträckte fram handen.

"Jonas," ljög han och skakade hennes hand.

Sofia satte sig till rätta och började småprata, men något med henne kändes fel. Hon verkade veta mer om honom än hon borde.

När tåget korsade Öresundsbron lade Jonas märke till att mannen med portföljen blev allt mer nervös. Han reste sig flera gånger för att kolla tågets schema och verkade hela tiden på väg att lämna sin plats, men han ändrade sig alltid i sista stund.

Sofia, som fortfarande satt bredvid Jonas, följde mannens rörelser med samma intensiva blick. "Han ser ut att ha något viktigt på gång," sa hon lågt, nästan för sig själv.

Jonas kände en ilning längs ryggraden. "Vad får dig att säga det?" frågade han försiktigt.

Sofia vände sig mot honom och log. "Kanske för att jag letar efter samma sak som du."

När tåget närmade sig Malmö, reste sig mannen plötsligt och började gå mot toaletten, med portföljen hårt i handen. Jonas såg sin chans och följde efter, men han märkte snart att Sofia också reste sig.

De tre hamnade i tågets smala gång, där mannen plötsligt vände sig om. Hans ögon var fyllda av panik, och han höll portföljen som om hans liv hängde på den.

"Vad vill ni?" frågade han med skakig röst.

Sofia tog ett steg framåt och drog fram ett litet vapen från sin kappa. "Ge mig portföljen," sa hon lugnt.

Jonas stelnade till. Det här var inte som han hade tänkt sig.

"Vänta!" sa Jonas och höjde händerna. "Vi kan lösa det här utan våld."

Sofia gav honom en hånfull blick. "Du tror verkligen att det här handlar om dig? Håll dig undan."

Mannen med portföljen såg sin chans och försökte rusa förbi dem, men Sofia var snabb. Hon greppade honom och tryckte upp honom mot väggen. Portföljen föll till golvet och gled mot Jonas fötter.

Jonas tog upp den och öppnade den snabbt. Inuti låg inte pengar eller juveler, som han hade hoppats, utan en hög med dokument. Dokument med hemligstämplar från både svenska och danska myndigheter.

"Vad är det här?" mumlade Jonas.

"Det där," sa Sofia kallt, "är något du inte borde ha sett."

Innan Jonas hann reagera hördes en skarp vissling från tågets högtalare. Tåget saktade in och närmade sig Malmö central. Jonas insåg att han hade två val: samarbeta med Sofia eller försöka ta sig ur situationen själv.

Han valde det senare. Med ett snabbt rörelse kastade han portföljen mot Sofia, som reflexmässigt fångade den, och sprang mot tågdörrarna.

När tåget stannade kastade han sig ut på perrongen, med hjärtat dunkande i bröstet. Men han visste att han inte var fri än.

När Jonas såg sig omkring märkte han att Sofia redan var på väg efter honom. Hon höll portföljen under armen och hennes blick var isande kall.

"Vi ses igen, Jonas," sa hon innan hon försvann in i folkmassan.

Jonas visste att hennes ord inte var en tom varning. Han hade blivit indragen i något mycket större än en enkel kupp. Och det fanns ingen enkel väg ut.

The Train to Malmö

It was a gray and overcast morning when Jonas Lindström boarded the Öresund train in Copenhagen. The train was nearly full, with business travelers, students, and tourists all headed to Malmö. Jonas had a simple plan: find the right person, take the bag, and disappear before anyone noticed. He was skilled at his job, a master at blending in and vanishing into the crowd.

Jonas had spotted his target at the station. A well-dressed man in his fifties, wearing an expensive suit and holding a black leather briefcase that he never took his eyes off. The briefcase, Jonas thought, must contain something valuable.

He sat a few rows behind the man and pretended to read a newspaper while secretly observing him. The man seemed stressed, casting nervous glances toward the door every time the train stopped.

As the train continued through the Danish countryside, a woman sat down beside Jonas. She wore a simple coat, but her eyes were sharp and alert.

"Do you travel this route often?" she asked with a smile that didn't quite reach her eyes.

Jonas, caught off guard by the question, shrugged. "Sometimes."

"My name is Sofia," she said, extending her hand.

"Jonas," he lied, shaking her hand.

Sofia settled in and began making small talk, but something about her felt off. She seemed to know more about him than she should.

As the train crossed the Öresund Bridge, Jonas noticed that the man with the briefcase was growing more and more anxious. He stood several times to check the train's schedule and seemed ready to leave his seat, only to change his mind at the last moment.

Sofia, still sitting beside Jonas, watched the man's movements with the same intense gaze. "He looks like he's up to something," she said quietly, almost to herself.

Jonas felt a shiver down his spine. "What makes you say that?" he asked cautiously.

Sofia turned to him and smiled. "Maybe because I'm looking for the same thing you are."

As the train approached Malmö, the man suddenly stood and began walking toward the restroom, holding the briefcase tightly in his hand. Jonas saw his chance and followed, but he soon noticed that Sofia also stood up.

The three of them found themselves in the narrow corridor of the train, where the man suddenly turned around. His eyes were filled with panic, and he held the briefcase as though his life depended on it.

"What do you want?" he asked in a shaky voice.

Sofia stepped forward, pulling a small weapon from her coat. "Give me the briefcase," she said calmly.

Jonas froze. This was not how he had imagined it.

"Wait!" Jonas said, raising his hands. "We can solve this without violence."

Sofia gave him a scornful look. "You really think this is about you? Stay out of it."

The man with the briefcase saw his chance and tried to rush past them, but Sofia was quick. She grabbed him and slammed him against the wall. The briefcase fell to the floor and slid toward Jonas's feet.

Jonas picked it up and quickly opened it. Inside, there were no money or jewels, as he had hoped, but a pile of documents—documents with government seals from both Swedish and Danish authorities.

"What's this?" Jonas mumbled.

"That," Sofia said coldly, "is something you weren't supposed to see."

Before Jonas could react, a sharp whistle came through the train's speakers. The train slowed down as it neared Malmö Central. Jonas realized he had two choices: team up with Sofia or try to escape on his own.

He chose the latter. With a swift movement, he tossed the briefcase toward Sofia, who instinctively caught it, and ran toward the train doors.

When the train stopped, he threw himself onto the platform, his heart pounding in his chest. But he knew he wasn't free yet.

As Jonas looked around, he noticed that Sofia was already on her way after him. She was holding the briefcase under her arm, and her gaze was ice-cold.

"We'll meet again, Jonas," she said before disappearing into the crowd.

Jonas knew her words weren't an empty warning. He had been dragged into something much bigger than a simple heist. And there was no easy way out.

Det kalla fallet i Kiruna

Den bitande kylan i Kiruna var alltid närvarande, men den här vintern kändes den särskilt skoningslös. Staden, som låg långt bortom Polcirkeln, var omgiven av snö och is, och solens bleka strålar syntes knappt över horisonten. Det var en plats där hemligheter trivs och där det förflutna sällan släpper taget om nutiden.

Det var en morgon i december när det oväntade genombrottet kom. Det var då, efter två decennier av tystnad, som en gammal, frusen halsduk upptäcktes i en gruva nära stadens utkanter. Halsduken tillhörde en tonårsflicka, Elin Larsson, som försvann för tjugo år sedan, och som ingen hade hört från eller sett sedan dess.

Det var Detective Anders Marklund som fått uppdraget att återuppta fallet. Han hade arbetat som polis i Kiruna hela sitt liv och kände både stadens gator och dess invånare som sin egen ficka. Men Elins försvinnande hade alltid varit ett mysterium som han inte kunnat lösa. Hennes fall hade för länge sedan blivit kallt och glömt av de flesta. Men nu, med halsduken i handen, visste Marklund att något var på väg att förändras.

Elin Larsson hade varit en tystlåten, introvert ung kvinna när hon försvann. Hennes föräldrar var skilda, och hon hade tillbringat mycket tid ensam, utforskande Kirunas ödsliga, snötäckta landskap. Hennes försvinnande hade lämnat en känsla av osäkerhet och sorg som dröjde sig kvar i staden. Men trots många undersökningar och vittnesmål fanns det inget som ledde polisen närmare en lösning.

Marklund satt nu på sitt kontor, stirrande på den gamla, smutsiga halsduken som han hade fått. Den var fortfarande olik något annat han sett i sitt arbete. Med ett djupt andetag började han gå igenom gamla rapporter och vittnesmål, försökte hitta nya ledtrådar som hade undgått honom förut.

Det dröjde inte länge innan Marklund började gräva i de mörka hörnen av Kiruna. Han besökte gamla bekanta, talade med Elins gamla vänner och bekanta. Staden var som ett igensnöat fängelse, och alla var vana vid att hålla sina hemligheter för sig själva.

En kväll fick han kontakt med en av Elins gamla vänner, Lena, som nu var vuxen och hade lämnat Kiruna för Stockholm. Lena var nervös och undvek länge att prata om Elin, men när Marklund nämnde halsduken, bröt hon tystnaden.

"Jag vet vad som hände," sa Lena med låg röst. "Men du kommer inte att gilla sanningen."

Lena berättade om en fest som hölls på en av de avlägsna stugorna utanför staden. Elin hade varit där med några av sina skolkamrater, och enligt Lena hade något hänt den kvällen. En av killarna, Oskar, var förälskad i Elin och hade varit för påträngande. Hon hade förlorat sitt tålamod och konfronterat honom. Det var då han...

Lena pausade och såg ut som om hon ville ta tillbaka sina ord, men Marklund pressade henne att fortsätta.

"Oskar råkade göra något dumt," sa hon långsamt. "Det var inget medvetet, men... han sköt henne."

Marklund kände hur hans hjärta stannade. Sköt henne? Det var så chockerande att han knappt kunde ta in det. En tonåring som sköts i en oavsiktlig incident – och ingen hade sagt något om det i alla dessa år?

Marklund undersökte Oskar Johansson, den nu vuxne mannen som var en gång känd som Kirunas största charmör och lokal pojke. Han bodde fortfarande i staden och hade, enligt ryktena, etablerat sig som en framgångsrik affärsman. Marklund bestämde sig för att tala med honom.

Oskar var snabb med att förneka allt. Hans ansikte var kallt och hans ögon hårda när han förnekade någon inblandning i Elins försvinnande. Men Marklund visste att Oskar döljer något. Han hade ändrat sitt namn för många år sedan. Och nu, med det hela utom räckhåll, var han redo att göra vad som helst för att bevara sin hemlighet.

Marklund konfronterade Oskar en sista gång på hans kontor, där han stod och blickade ut över den frusna staden.

"Vi har bevis, Oskar," sa Marklund lugnt. "Du kanske kan lura alla här i Kiruna, men inte mig."

Oskar var tyst i en lång stund. Sedan släppte han sitt försvar och erkände till slut. Elin hade råkat snubbla när de kämpade, och hon hade fallit i en isvak vid en av gruvorna. De hade dragit upp hennes kropp för sent, och ingen hade velat prata om det. Så han hade hållit tyst – och folk hade glömt.

När fallet var löst, när alla hemligheter äntligen kom fram, kändes Kiruna inte längre som en liten, isolerad stad. Det var inte längre en plats där människor dolde sina brott i mörka hörn. Marklund visste att det inte fanns någon riktigt lycklig slutning – men åtminstone hade Elin fått den rättvisa hon förtjänade.

Och så, med den tunga känslan av avslutning, försvann mörkret från Kiruna för ett tag. Men Marklund visste att det inte skulle vara för alltid. Där, uppe i norr, var mörka hemligheter alltid nära, redo att bubbla upp till ytan.

The Cold Case in Kiruna

The biting cold in Kiruna was always present, but this winter felt especially merciless. The town, located far beyond the Arctic Circle, was surrounded by snow and ice, and the sun's pale rays barely reached above the horizon. It was a place where secrets thrived, and where the past seldom let go of the present.

It was a December morning when the unexpected breakthrough came. It was then, after two decades of silence, that an old, frozen scarf was discovered in a mine near the town's outskirts. The scarf belonged to a teenage girl, Elin Larsson, who had disappeared twenty years ago, and who had not been heard from or seen since.

Detective Anders Marklund was assigned to reopen the case. He had worked as a police officer in Kiruna his entire life and knew the town's streets and inhabitants like the back of his hand. But Elin's disappearance had always been a mystery he couldn't solve. Her case had long since gone cold and been forgotten by most. But now, with the scarf in his hand, Marklund knew that something was about to change.

Elin Larsson had been a quiet, introverted young woman when she vanished. Her parents were divorced, and she had spent a lot of time alone, exploring Kiruna's desolate, snow-covered landscape. Her disappearance had left a lingering sense of uncertainty and sorrow in the town. But despite numerous investigations and witness statements, nothing had brought the police any closer to a solution.

Marklund now sat in his office, staring at the old, dirty scarf he had been given. It was still unlike anything he had seen in his work. With a deep breath, he began to go through old reports and witness statements, trying to find new clues that had eluded him before.

It didn't take long before Marklund began digging into Kiruna's dark corners. He visited old acquaintances, spoke to Elin's former friends and acquaintances. The town was like a snow-covered prison, and everyone was used to keeping their secrets to themselves.

One evening, he made contact with one of Elin's old friends, Lena, who had since moved to Stockholm. Lena was nervous and had avoided talking about Elin for a long time, but when Marklund mentioned the scarf, she broke the silence.

"I know what happened," Lena said in a low voice. "But you're not going to like the truth."

Lena told Marklund about a party that had been held at one of the remote cabins outside of town. Elin had been there with some of her classmates, and according to Lena, something had happened that night. One of the boys, Oskar, had been in love with Elin and had been too forward. She had lost her patience and confronted him. That was when he...

Lena paused, as if she wanted to take back her words, but Marklund pressed her to continue.

"Oskar did something stupid," she said slowly. "It wasn't intentional, but... he shot her."

Marklund felt his heart stop. Shot her? It was so shocking that he could barely take it in. A teenager shot in an accidental incident – and no one had said anything about it all these years?

Marklund investigated Oskar Johansson, the now-adult man who had once been known as Kiruna's biggest charmer and local boy. He still lived in the town and, according to rumors, had established himself as a successful businessman. Marklund decided to talk to him.

Oskar was quick to deny everything. His face was cold and his eyes hard as he denied any involvement in Elin's disappearance. But Marklund knew that Oskar was hiding something. He had changed his name many years ago. And now, with the whole thing out of reach, he was ready to do whatever it took to keep his secret.

Marklund confronted Oskar one last time in his office, where he stood, gazing out over the frozen town.

"We have proof, Oskar," Marklund said calmly. "You might be able to fool everyone here in Kiruna, but not me."

Oskar was silent for a long moment. Then he dropped his defenses and finally confessed. Elin had accidentally tripped when they were struggling, and she had fallen into an ice hole near one of the mines. They had pulled her body up too late, and no one had wanted to talk about it. So he kept quiet – and people forgot.

When the case was solved, when all the secrets finally came to light, Kiruna no longer felt like a small, isolated town. It was no longer a place where people hid their crimes in dark corners. Marklund knew that there was no real happy ending – but at least Elin had gotten the justice she deserved.

And so, with the heavy feeling of closure, the darkness disappeared from Kiruna for a while. But Marklund knew it wouldn't be forever. Up there in the north, dark secrets were always close by, ready to bubble up to the surface.

Ett Skott i Skärgården

———

Stockholms skärgård var en plats där allt var som det skulle vara: tyst, fridfullt och nästan för bra för att vara sant. Men som Viktor Berglund snabbt fick erfara, var det också en plats för mörka hemligheter. Viktor var en före detta polis som nu arbetade som privatdetektiv, och när han fick ett samtal om ett mord på en lyxyacht i skärgården, var han inte direkt förvånad. Det var just i de mest idylliska miljöerna som människors mörka sidor ofta kom fram.

En grå morgon i juni satte Viktor sig i sin gamla båt och styrde ut mot skärgården. En välkänd entreprenör, Johan Lindqvist, hade blivit funnen död på sin yacht, och hans lyxiga båt låg för ankar vid en av de mest avlägsna öarna. Enligt rapporterna hade han blivit skjuten på nära håll, men ingen visste riktigt varför eller av vem.

När Viktor steg ombord på yachten var allt stilla, nästan för stilla. Polisen var redan där, men Viktor kände ingen större lust att prata med dem. Hans uppdrag var klart: han skulle hitta mördaren, och det utan att dra onödigt mycket uppmärksamhet till sig. Det var hans stil. Han kände sig hemma i de tysta och dolda delarna av livet.

Johan Lindqvist hade varit en man av pengar och makt, och hans liv var fyllt av människor som ville hans rikedom och hans inflytande. Familjen var först ut som misstänkta: hans exfru, Karin, som alltid hade haft ett intresse för hans pengar, och hans

dotter, Emma, en ung kvinna med ett tvivelaktigt rykte. Båda var
på plats när mordet begicks, men ingen av dem verkade ha något
konkret alibi.

Men Viktor kände på sig att den verkliga historien låg någon
annanstans. Han hade hört rykten om Johans exälskare, en
kvinna vid namn Ingrid, som hade försvunnit från hans liv för
flera år sedan. Ingrid hade alltid varit den typen som man helst
inte ville korsa, och Viktor hade sina tvivel om hennes oskuld.

Viktor började med att prata med Karin Lindqvist, den exfru
som alla verkade ha en teori om. Karin var en välklädd kvinna i
fyrtioårsåldern, med ett svalt, men ändå charmigt sätt. Hon satt
på den däcksbordet med ett glas vin i handen och tittade ut över
vattnet.

"Jag skulle aldrig döda Johan", sa hon med en kall och avmätt ton.
"Jag har fått vad jag ville, och jag tror inte att någon här skulle
vilja något annat än att gå vidare i livet."

Men Viktor var inte så säker. Han visste att pengar kunde få
människor att göra de mest osannolika saker. Han ställde fler
frågor, och Karin svarade bara med vitsiga kommentarer och
undvikande blickar.

Det var Emma, Johans dotter, som var nästa på listan. Viktor
fann henne vid sjökanten, tyst och med en cigarett i handen.
Hon såg ut som om världen redan hade svikit henne, och Viktor
kände en viss sympati för henne.

"Jag var på väg bortom horisonten när det hände," sa hon och snörde ögonen. "Men om du vill höra om mina gamla problem med pappa, så kan vi prata om det någon annan gång."

Viktor såg på henne i tystnad. Hon talade om sin far med en blandning av uppgivenhet och ilska, men han var inte helt övertygad om att hon inte visste mer än hon sa.

Det var när Viktor besökte Ingrid, den försvunna exälskaren, som fallet tog en oväntad vändning. Ingrid bodde på en annan ö, långt bortom de andra yachterna, i ett hus som såg ut som om det hörde hemma i en annan tid. Det var där Viktor mötte den mystiska kvinna som haft en oöverskådlig plats i Johans liv.

Ingrid var inte glad över att Viktor var där. Hon hade inte sett Johan på flera år och var inte särskilt intresserad av att prata om honom, men Viktor var ihärdig. Han behövde förstå vad som hade hänt mellan henne och Johan, och varför hon hade försvunnit så plötsligt.

"Jag och Johan hade våra problem, men jag skulle aldrig ha skjutit honom," sa Ingrid kallt. "Men jag vet att han var på väg att avslöja något stort. Något han inte ville att världen skulle få reda på. Jag tror någon annan ville se honom död."

Det var där Viktor fick sin första riktiga ledtråd. Johan hade varit inblandad i något skumt, något större än hans familjs interna konflikter. Men vem var det som ville stoppa honom från att avslöja sanningen?

Viktor återvände till yachten och började granska de sista detaljerna. Han hade en känsla av att han var nära att lösa fallet, men han behövde en sista bit av pusslet. Och så, som alltid, var det en oväntad lösning som dök upp.

Han upptäckte att den sista personen som hade haft möjlighet att döda Johan var hans affärspartner, en man vid namn Markus, som hade blivit utmanövrerad av Johan i ett stort affärsavtal. Det visade sig att Markus hade haft både motiv och möjlighet att mörda Johan för att ta över hans affärer. Och han hade haft hjälp av någon från Johans närmaste krets – Karin.

Markus försökte fly, men Viktor var snabbare. Och så, som så många gånger förut, var det Viktor som fick sista ordet.

I slutet av dagen satt Viktor på en bänk vid vattnet och tittade på skärgården som nu var lugn igen. Hans jobb var klart, men fallet var ett som han inte skulle glömma på länge. Skärgården kanske var en plats för avkoppling för många, men Viktor visste att under ytan låg alltid en mörkare historia. Och för honom var det just de historierna som alltid höll honom vaken på natten.

A Shot in the Archipelago

The Stockholm archipelago was a place where everything was as it should be: quiet, peaceful, and almost too good to be true. But as Viktor Berglund quickly discovered, it was also a place for dark secrets. Viktor was a former policeman now working as a private detective, and when he received a call about a murder on a luxury yacht in the archipelago, he wasn't particularly surprised. It was often in the most idyllic settings that people's darker sides came to light.

On a gray June morning, Viktor set out in his old boat, heading toward the archipelago. A well-known entrepreneur, Johan Lindqvist, had been found dead on his yacht, which was anchored off one of the most remote islands. According to reports, he had been shot at close range, but no one knew why or by whom.

When Viktor boarded the yacht, everything was still—almost too still. The police were already there, but Viktor didn't feel much desire to speak with them. His mission was clear: he would find the murderer, and do so without drawing too much attention to himself. That was his style. He felt at home in the quiet, hidden parts of life.

Johan Lindqvist had been a man of wealth and power, and his life had been filled with people who wanted his fortune and influence. First on the list of suspects were his family: his ex-wife, Karin, who had always been interested in his money, and his daughter, Emma, a young woman with a questionable reputation. Both had been present when the murder occurred, but neither seemed to have a solid alibi.

However, Viktor had a feeling that the real story lay elsewhere. He had heard rumors about Johan's former lover, a woman named Ingrid, who had disappeared from his life years ago. Ingrid had always been the type of person one preferred not to cross, and Viktor had his doubts about her innocence.

Viktor began by speaking with Karin Lindqvist, the ex-wife everyone seemed to have a theory about. Karin was a well-dressed woman in her forties, with a cool, yet charming demeanor. She sat at the deck table, a glass of wine in hand, gazing out at the water.

"I would never kill Johan," she said in a cold, measured tone. "I got what I wanted, and I don't think anyone here wants anything other than to move on with their lives."

But Viktor wasn't so sure. He knew that money could make people do the most unlikely things. He asked more questions, and Karin only responded with witty remarks and evasive glances.

Next, Viktor spoke with Emma, Johan's daughter. He found her by the shore, silent, with a cigarette in her hand. She looked as though the world had already let her down, and Viktor felt a certain sympathy for her.

"I was headed beyond the horizon when it happened," she said, narrowing her eyes. "But if you want to hear about my old problems with dad, we can talk about that another time."

Viktor watched her in silence. She spoke of her father with a mixture of resignation and anger, but he wasn't entirely convinced that she didn't know more than she let on.

It was when Viktor visited Ingrid, the missing ex-lover, that the case took an unexpected turn. Ingrid lived on another island, far from the other yachts, in a house that looked like it belonged to another time. It was there that Viktor met the mysterious woman who had played an ambiguous role in Johan's life.

Ingrid was not pleased to see Viktor. She hadn't seen Johan in years and wasn't particularly interested in talking about him, but Viktor was persistent. He needed to understand what had happened between her and Johan, and why she had disappeared so suddenly.

"Johan and I had our problems, but I would never have shot him," Ingrid said coldly. "But I know he was about to reveal something big. Something he didn't want the world to know. I think someone else wanted him dead."

That was Viktor's first real clue. Johan had been involved in something shady, something bigger than his family's internal conflicts. But who was trying to stop him from revealing the truth?

Viktor returned to the yacht and began scrutinizing the final details. He had a feeling he was close to solving the case, but he needed one last piece of the puzzle. And then, as always, an unexpected solution appeared.

He discovered that the last person who had the opportunity to kill Johan was his business partner, a man named Markus, who had been outmaneuvered by Johan in a major business deal. It turned out that Markus had both the motive and the opportunity to kill Johan in order to take over his business. And he had help from someone in Johan's inner circle—Karin.

Markus tried to flee, but Viktor was faster. And so, as so many times before, it was Viktor who had the final word.

At the end of the day, Viktor sat on a bench by the water, looking at the now-calm archipelago. His job was done, but the case was one he wouldn't forget for a long time. The archipelago might be a place of relaxation for many, but Viktor knew that beneath the surface, there was always a darker story. And for him, it was those stories that always kept him awake at night.

www.ingramcontent.com/pod-product-compliance
Lightning Source LLC
Chambersburg PA
CBHW072007170726
47999CB00013B/1006